Sonata de Arena

COLECCIÓN DE POEMAS

Pirata Yadiv

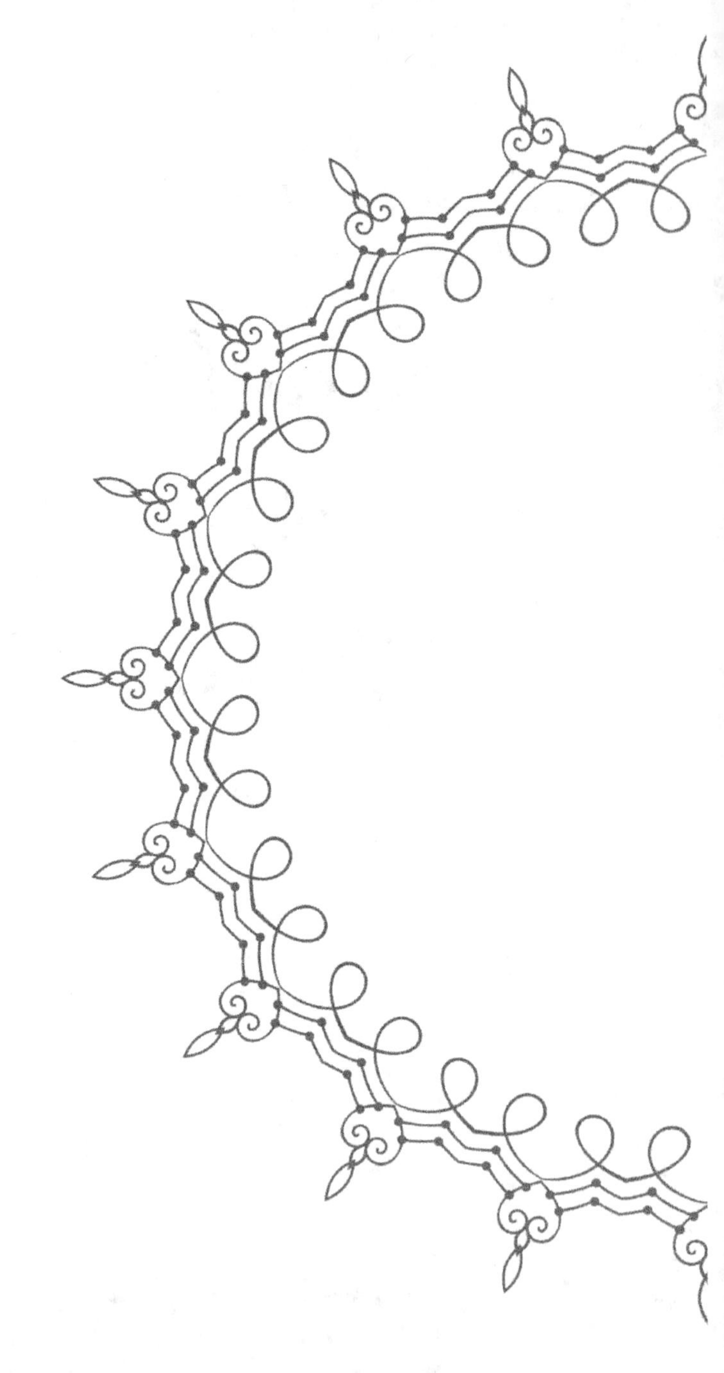

Lo bueno

<hr>

Jugábamos a lo absurdo
mucho ruido
poca pena
Soñábamos dibujando
mil castillos en la arena
a veces de vagabundo
de súper héroe o poeta
moldeando al antojo el mundo
como el que vuela cometa

Se busca musa

Bésame abrázame elévame
Si quieres tuérceme
tuérceme pero no te calles
Martíllame las manos
cóseme la boca
Cóseme los dedos
cóseme la boca pero no te calles
Dime que sí dame lo que te pido
Dame el poema hazme tu amigo
No silencies este solitario orgullo
Tan solo un murmullo
con eso me basta

La triste paradoja

Criatura de hábitos nocturnos
que ocupaba enteros a su canto
eran bellos pero tanto
que se adelantaba el alba
Sí el alba
que empujaba las penumbras
para hacerse de su voz
Sin atrapar la muy necia
la calidez de su adiós
Desplazaba las tinieblas
para sentir su candor
Sin abrazarla aunque sea
con un rayito de sol

Lo bueno si pasa

Y pasaron los años
Y con ellos
las bocas que dibujaban rosas
Se fueron deshidratando
Hasta hacerse ranuras
Por las que alimentar
una cara larga y frigia
Que ya no refleja
lo que siente el alma
Porque ni alma queda
Ni rocío que la nutra
O tal vez queda
Pero seca y queda

Sheila

A veces te olvido
tal vez no te ha pasado
a veces te imagino
restauro tu lienzo
Con el acrílico
te me vas haciendo
fantasma que ni asusta
Pero a veces de pronto
me viro y te encuentro
exacta
si por azar
tu fantasma me sonríe

Te visto con canciones

Ya no recordaba tu sonrisa
esa que inspiraba mis cantares
Ya no me visita tu fantasma
ni de a poco ni de a nada
Pero moviéndome con prisa
por azar te he descubierto
En otro cuerpo igual al tuyo
incluso puede que más bello
Otro ser
De pelo castaño
y mirada imperativa

Otro ser
que luego he comprendido
como el único
me ha hechizado el doble
Así he reparado en ti
en la inspiración que te sucede
Así he pensado no cantarte
por temor a que me oigas
por temer que no comprenda
tu razón de musa y de poema
He pensado y he temido
pero te canto
por si desconoces
que tu ser emana poesía

Libre de mí

Grumos en la historia
nudos en el tiempo
Calles sin acera
trenes sin carril
Barro en los zapatos de un ser arrugado
Camina en el viento
se esfuma su gris
Come de sus sueños
sus sueños dorados
Que abrazan los cielos y le dan matiz

Siente sus cánticos
auguran belleza
Inundan el campo
adoran vivir
Por fin ha nacido quien todo lo tiene
quien todo lo sabe
y no cree en el sufrir

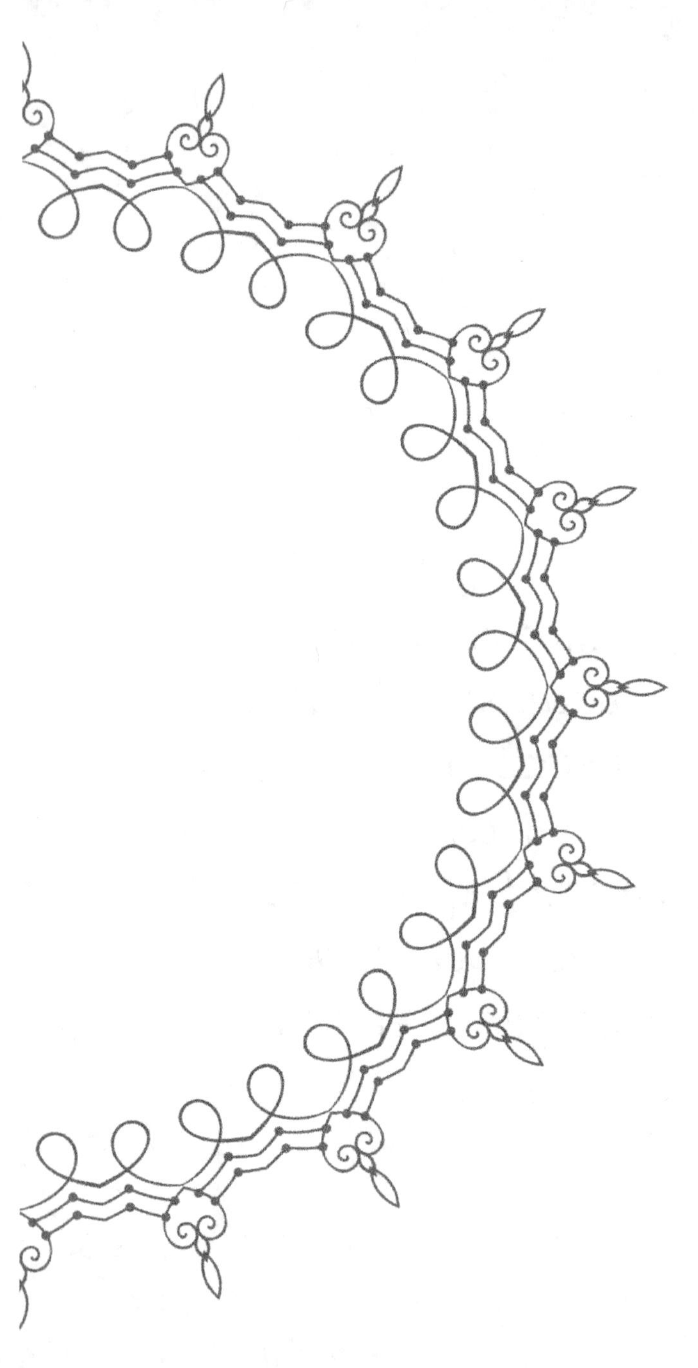

Jota por Ge

Se acabó lo literario del café
Y las buenas malas noches
La guitarra ya no lleva G
La canción quién la conoce
Algunos fuimos por el 666
Otros viramos a las 12
Nos pusimos lo que quisimos ser
Hoy si te ven quién te conoce

Su bandera

Se hizo del triángulo rojo
y derramó más
Mas nunca la suya
Ideales del imperio rojo
lo que fue de las franjas blancas
La estrella
Él
Las cinco puntas
profetizando volverán
en las cabezas místicas
del pueblo que
ya podía leer
lo que les suministraba

Y las azules no tres
sino noventa
franjas para llegar
al sueño de poder usar
la boca

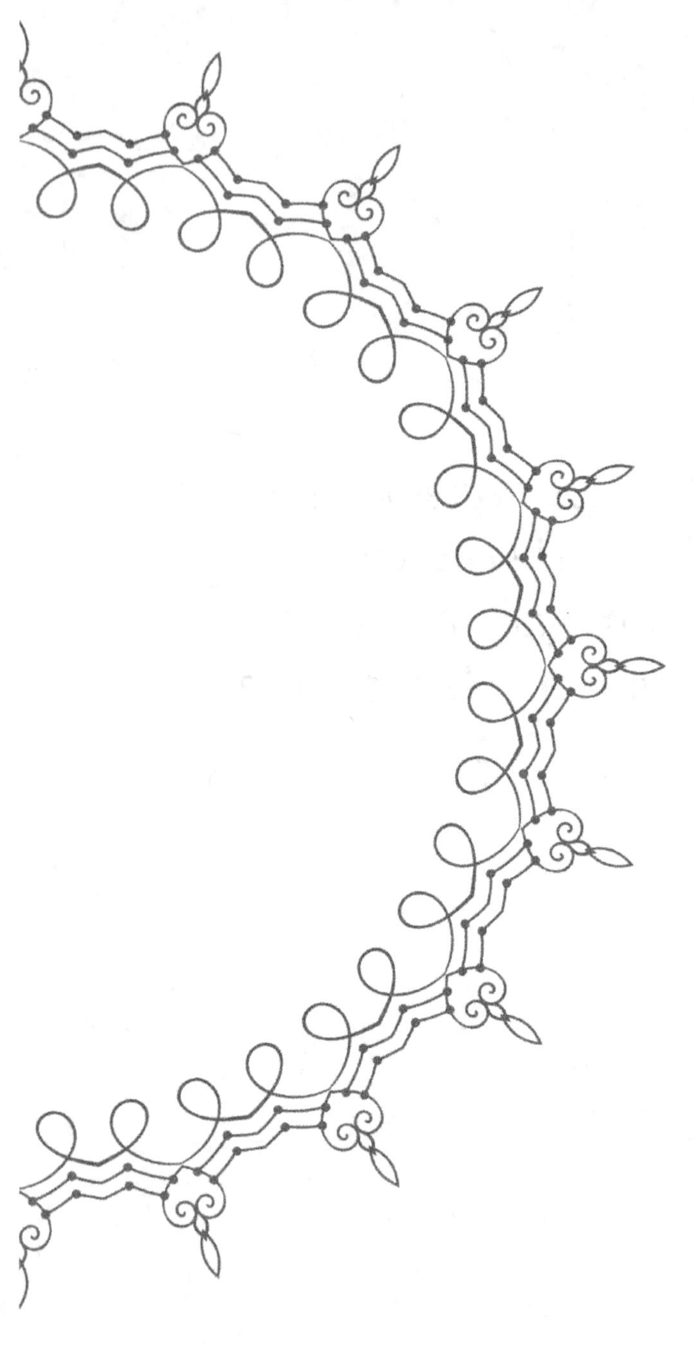

Su dolor

Será que estoy hecho
un poco más a tu semejanza
Será que me has prestado
tus ojos y alma
O solo se ha extraviado
mi cordura
Pero hoy
hoy puedo sentir tus pesares
Tu soledad
llorar tu llanto
Hoy que puedo
rezo en tu nombre y a tu favor
Pido a ti y por ti
que no tienes a quien

Mi tesorito

<hr>

Risos de oro
y la mejor sonrisa
la más tierna
Con las prisas
ya de grande
mal perdedor
Lo del cuadro copia casi fue un favor
luego fue la lavadora y el televisor
Las gracias las pidió
por dejar la radio
Las joyas luego las necesitó

Cuando ya tenía
hasta el llanto empeñado
a su madre perdió
por fin lo dejó
Entonces
por alcohol barato
De oro
las muelas de madre

Y borracho desperté

Por dios cuánto descuido
Cuánta pena hay en mi ser
Quisiera fumar olvido
Y olvidarme de beber

Saber volar

Antes del infierno me corté las alas
me corté las alas y bajé a buscarte
Porque te soñé
bajé a buscarte
Patético yo me pinté de rojo
Pero me viste
y pinté luego una risa
Luego fue un beso
Me puse una y otra te di
Trabajo costó que creyeras en mí
Cuando se es un solo cuerpo
un par de alas

Balanuses

Y abrazarnos aquí
bajo las nubes grises
Que en nuestra morada
las moradas cortinas tiñen
Y penetran
en el aquí que nos cobija
Y más allá
Dentro de ti y de mí
Frío que compensa el café

No marques las horas

Además
en tu ventana
se asomaba esa noche
Cosa rara
cosa hermosa
Y tus labios sabor canela
Tu piel sensación candela
Sino en la poesía
Dime
en qué otro lugar
Dime
cabrían la Luna y tú

La flor la coma y la paloma

La flor la paloma
Y la coma
Me la como
Como a tu boca
Cuando me deja que me la coma
Y cuando me dejas
me come un enjambre
de pirañas voladoras e invisibles
el cuerpo todo
pero el cuero me lo quito
y la paloma
en el pico
te lleva la flor
que te trae

Sin té

Huyó al abrigo
el tiempo puso alas a la boca
Diciendo toca toca
Lloró y yo canté
Pero fue deteriorando
Infinitamente degollando estrellas
como le marcaba la paleta y el pincel
y lo que aguanta todo eso
que no es yeso
sino piel
Cantó y yo lloré
Corrió la miel y no el vino
que ya se fue

Desde el silencio

Morí porque morí
en la lluvia me diluí
Por el asfalto rodé
Y por qué
la calidez y la alegría
no sé
pero sentí
Morí porque morí
El sol ya me secó
y salí
Por qué no fui
aquel que vi

no hacer
y ser
no sé
Pero morí
Quise morir
Y más

Infinitesimal

El Otro es quien sabe
lo que es el todo y la nada
Lo sabe
y lo enseña en una palabra
en un beso
En un instante alargado
que impregna y empapa
Que sucede
y se comprende como cierto
y cuando se piensa en su grandeza
encoge y desaparece
El Otro
es más que yo o tú
o el otro

pero eso no lo sabe
Hasta ese instante menos pequeño
que el Otro lo alumbra
y pone a danzar
en una espiral
infinita de descubrimientos que
se acaba y desvanece
en ese mismo instante
el primero

Por si te preguntas

Soy la miel
El asesino y el muerto
La sangre que corre
El latido que la empuja
La roca que tapuja
la entrada de tu cueva
Soy tu cueva
Soy

En el banco

Un banco desierto
en el desierto de arena
que grano a grano se manifiesta
Y comienza a hundirse
tragando espuma
Donde las largas colas de olas
también forman dunas
Surge una duda
y me siento
En la noche
que silva y se repite
Como las olas
y como los holas

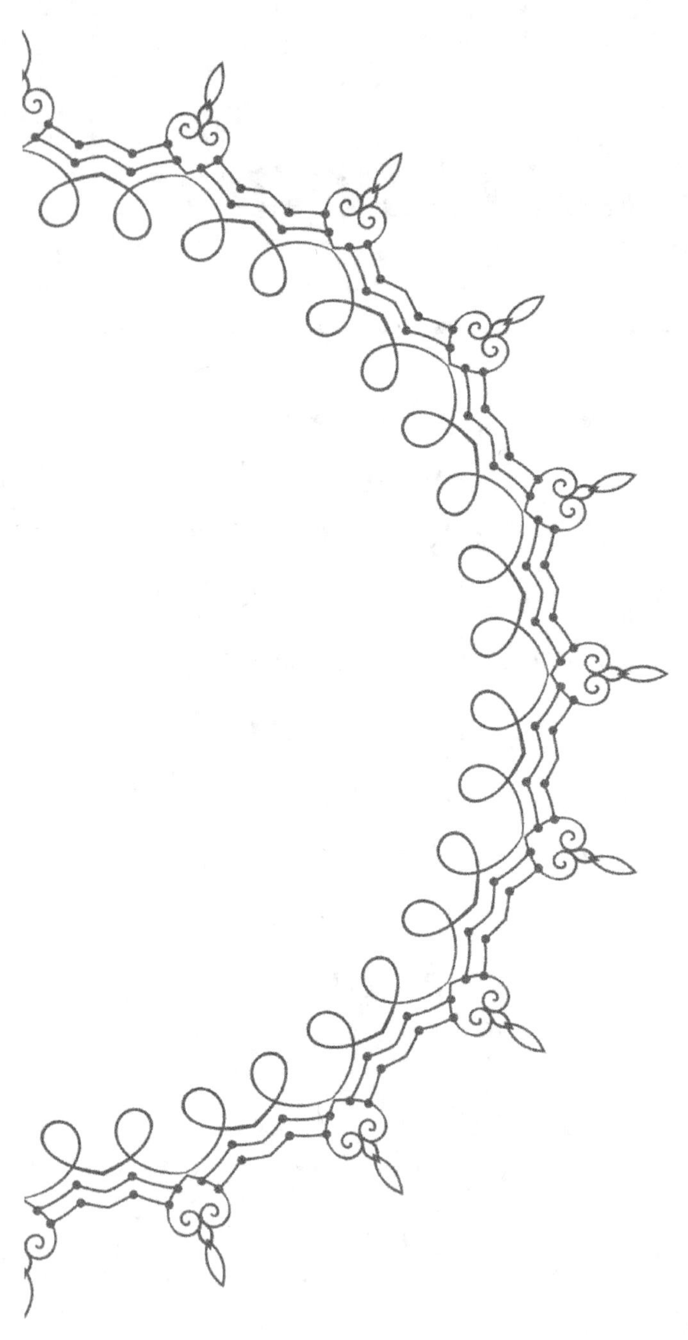